Renier-Fréduman Mundil

Das Mondschaf
30 Gdichte für mondsüchtige Rwachsene
Im Mond-September

Band 9 von 12

AF191261

Renier-Fréduman Mundil

Das
Moooondschaaaaf

30 Gdichte für mondsüchtige Rwachsene
Im Mond-September

Band 9 von 12

Impressum

Bibliografische Information der Deutschen Nationalbibliothek:
Die Deutsche Nationalbibliothek verzeichnet diese Publikation in
der Deutschen Nationalbibliografie; detaillierte bibliografische
Daten sind im Internet über http://dnb.dnb.de abrufbar.

© 2024 Renier-Fréduman Mundil
      Viola Hartmann
Covergestaltung: Dan Winkler
Coverbilder: Mayliv Schuh, Isley Schuh, Liam Schuh
      Avalie Schuh
Illustrationen: Marie Kühmstedt, Mayliv Schuh,
      Isley Schuh, Liam Schuh, Avalie Schuh

Verlag: BoD • Books on Demand GmbH, In de Tarpen 42, 22848
Norderstedt
Druck: Libri Plureos GmbH, Friedensallee 273, 22763 Hamburg

ISBN: 978-3-7597-5895-8

For

Elijah

Our ambitious, patient and persistent

Grandson

Birthday

wünscht das Moooondschaaaaf
allen Erdmondkindern im Monat September

Auf ins neue Schuljahr...

Viel Erfolg!

Inhalt

Manche (und ich nehme mich nicht aus) haben manchmal die vermanschte Angewohnheit, das Pferd von hinten aufzuzäumen und ein Buch zuerst am Ende aufzuschlagen bzw. anzulesen. Wenn Sie bei diesem Buch auch so vorgegangen sind, werden Sie unbemerkt von der am Schluss stehenden Biographie in den Inhalt des Buches gerutscht sein. Das gleiche ist einigen Komponisten passiert, die Werke geschrieben haben, in denen einzelne Sätze nicht durch eine klare Pause (normalerweise für das Hüsteln unabdingbar) getrennt wurden, sondern nahtlos ineinander übergehen.

Übrigens sind das die besonders gefährlichen Stellen für „Falschapplaudierer". Sollten Sie beim Lesen des Buches unerwarteterweise geneigt sein, zu applaudieren, nehmen Sie auf all das keine Rücksicht. Hüsteln Sie auch, wann immer Sie wollen, die Verse bzw. das Moooondschaaaaf werden es vertragen und nicht fluchtartig das Weite suchen.

Der Mond besitzt offensichtlich das Potenzial, Dinge zu beeinflussen und dadurch zwangsläufig durcheinander- zubringen im Sinne von: die bereits vorhandenen Lebenselemente kräftig durchzuschütteln, in andere Reihenfolgen zu bringen und von unterschiedlichen Seiten zu beleuchten. Derartiges versucht er auch in diesem Buch, indem er sich gemeinerweise mit einem Schaf zusammengetan hat und das Leben von oben, unten, links, rechts, vorn und hinten betrachtet. Dafür unterzieht er sich der gewaltigen Mühe, die Erde zu umkreisen, um das Leben auf unserer Kugel von allen Seiten zu betrachten.

Wenn etwas Seltsames auftaucht, fängt das Schaf an zu blöken und als kleinstmögliches Demokratieteam entscheiden beide, Mond und Schaf, ob die Beobachtung skurril genug ist, um bei ihnen eingeführt zu werden. Bislang hat es jedoch keine Beobachtung geschafft, diese Zweierabstimmung als Urform demokratischen Verhaltens zu überstehen. Somit hat nichts Irdisches den Sprung von der Erde auf den Mond geschafft. Es lebt nur das Moooondschaaaaf als einziges Wesen auf dieser großen grauen Kugel, ernährt sich nicht von grünem Gras, Biofood, Luxussalaten oder Fastfood sondern von Wörtern und Gedanken, die sich von der Erde zu ihm verirrt haben, die vom Moooondschaaaaf verspeist werden und - es ist der Lauf der Dinge bzw. der Biologie - vom Moooond-schaaaaf auch wieder….., naja, Sie wissen schon.

Allerdings läuft diese seltsame Kombination Moooond-schaaaaf aus einem großen Klumpen Mond und einem winzigen Kleks Schaf Gefahr, von der Welt kurzerhand zur Persona non grata erklärt zu werden. Wir lassen uns vielleicht noch von vorn betrachten. Sind Körperteile zu groß geraten (Nase, Bauch), lassen wir uns jedoch ungern von der Seite beäugen; sind Körperteile ausgegangen (Haare), sind wir vermutlich wenig begeistert, eine Perspektive von oben abzugeben. Fehlt noch eine Betrachtungsperspektive, unten, egal….;

Stellen Sie sich einfach vor, ein Schaf steht auf dem Mond, der Mond umkreist Sie, mich und die anderen Zweibeiner wie eine lästige Fliege und das Schaf versucht aufzuschreiben, was es sieht.

Dann erhalten Sie in etwa einen Eindruck, worum es in dem Buch geht. Und da der Mond uns zwölfmal umkreist, hat das Schaf Umkreise-Bücher in den Mondstaub gekratzt, je nach Länge der monatlichen Reise zwischen 28 bis 31 Tagesblättern.

Da das Schaf selbstverständlich zwischendurch schlafen musste, hat es auf der Reise alles Mögliche wie Sternschnuppen, Meteoriten, Weltraumschrott usw. eingefangen und diese Dinge - als Aphorismen verkleidet - zwischen die Tagesblätter geklebt, für die eigenen und fremden Schlafpausen. Selbst von einem abgehärteten Moooondschaaaaf kann niemand verlangen, uns bzw. die Welt ununterbrochen ansehen zu müssen.

Gute (Umk-)Reise in, auf, durch, über, unter, neben oder einfach nur mit dem Mond-September.

* * *

Auch als kleines Geburtstagsgeschenk für alle Geburtstagskinder im September gedacht.

Pädagogischer Abgesang oder blökende Zugabe

Da das Moooondschaaaaf im Oktober geboren wurde (bzw. das erste Mal das Mondlicht erblickte), naht es sich im September seinem (vorübergehenden) Ende, zumindest was das erste Mondlebensjahr betrifft. Es hatte zwischendurch zum Jahreswechsel versprochen, weniger zu Blöken, um festzustellen, dieses Versprechen in den folgenden Monaten wohl nicht eingehalten zu haben. Ob es bei diesem letzten Versuch gelingt?

Während die Monate Januar bis August ihre Bezeichnungen auf Eigennamen zurückführen, ist der September aber Vorreiter derjenigen Monate (bis Dezember), die ihren Namen von ihrer ursprünglichen Position im Kalender abgeleitet haben. September-Septime-Sieben wird vielen einfallen, besonders wenn man an die Musik denkt. Tatsächlich stand der September mal an siebenter Stelle im Kalender. Ca. 150 Jahre vor Christi Geburt begann das Jahr nicht mehr mit dem März, sondern den vorangestellten Monaten Januar und Februar. Alle Monate fielen zwei Stellen zurück, September bis Dezember bestanden aber hartnäckig auf ihre Namen. So kommt es, dass der September nach der Sieben benannt ist aber heutzutage an neunter Stelle des Kalenders steht.

In den September fällt die zweite Tag-Nachtgleiche des Jahres und somit der Herbstanfang (meistens am 22. oder 23. September). Haben Sie an einem dieser beiden

Tage Geburtstag und ist dieser Tag in diesem Jahr der Herbstanfang, fällt ihr Geburtstag gleichzeitig in den Sommer und Herbst, weil der Wechsel von Sommer auf Herbst erst im Verlauf des 22. bzw. 23. Septembers eintritt. Dieser Tag und genauso der gesamte Monat September trennen den Sommer vom Herbst, dieser Monat wurde deshalb früher in einigen Gebieten als Scheiding bezeichnet. Der September beginnt mit demselben Wochentag wie der Dezember. Haben Sie im September zum Beispiel am 24. Geburtstag und kennen Sie den Wochentag ihres Geburtstages wissen Sie automatisch, auf welchen Wochentag Weihnachten fällt.

September und Weltkindertag. Der Weltkindertag wurde früher und wird noch heute in einigen Ländern am 1. Juni begangen, in Deutschland fällt er jetzt auf den 20. September. Es gibt außerdem noch den Tag der Kinderrechte am 20. November zur Erinnerung an eine entsprechende UN-Resolution zum Schutz der Kinderrechte, also gibt es mindestens drei Tage, um alle Kinder dieser Welt besonders zu feiern. Aber immer noch viel zu wenig, davon sollte es 370 Tage im Jahr geben. Hier sollten wir nicht zu bescheiden sein. Übrigens Bescheidenheit. Auf den ersten römischen Kaiser Augustus (Namensgeber für den Monat August) folgte als zweiter Kaiser Tiberius. Dieser soll zumindest in einigen Punkten sehr bescheiden gewesen sein. Da man nach seinem Vorgänger den August benannte, trug man ihm an, den September nach ihm zu benennen.

Doch Kaiser Tiberius lehnte ab, er war nicht nur bescheiden, sondern auch ein einfacher und vorausschauender Mathematiker, der wusste, dass das Römische Reich weit mehr als 100 Kaiser hervorbringen würde und antwortete sinngemäß: Was macht man dann mit dem 13. Kaiser? So ist die Menschheit vielleicht haarscharf an der Katastrophe vorbeigeschrammt, irgendwann einen Kalender mit mehr als hundert „Minimonaten" zu Ehren jedes einzelnen römischen Kaisers zu erhalten. Nicht auszudenken, wie schnell sich der Mond dann hätte drehen müssen. Vielleicht wäre dann das Moooondschaaaaf aufgrund der Fliehkraft auf die Erde abgestürzt, nicht auszudenken, was alles hätte passieren können. Aber genug geblökt, auch wegen des Versprechens zum Jahresanfang und weil auch beim Blöken Bescheidenheit manchmal guttut. Der September ist wegen des schönen Wetters geeignet für ausgedehnte Spaziergänge. Trennen Sie sich (zumindest vorübergehend) an diesem Punkt im September vom Moooondschaaaaf und unternehmen Sie einen ausgedehnten Spaziergang. Und wenn Sie dabei die schöne Natur bewundern, denken Sie einfach - besser unendlichfach und nicht nur am 20. September, dem Weltkindertag - sie bewundern mit jedem Stück Natur die Zukunft unserer Kinder. Das Motto des Weltkindertages 2024 lautet: „Jedes Kind braucht eine Zukunft."

Bewundern und erhalten Sie die Zukunft unserer Kinder, wenn Sie jetzt vom Buch aufstehen und bei einem herrlichen Septemberwetter einen ausgedehnten Spaziergang unternehmen. Es bleibt Ihnen unbenommen, nach Ihrer Rückkehr mit Ihrem Liebesgeschichtegetränk mit dem Moooondschaaaaf anzustoßen, ihr Glas gefüllt mit etwas köstlich Flüssigem, das Glas des Mondschafs gefüllt mit dem verrührten Worten und Buchstaben, die hoffentlich ab und zu einen Sinn ergeben haben, vielleicht auch erst beim zweiten oder dritten Glas.

Zwei letzte kurze Blökereien. Zum Essen/Trinken sollten wir uns nicht „Guten Appetit" sondern „Viel Spaß" wünschen und manche Buchstaben liest man besser nicht, sondern trinkt sie besser, gerührt und geschüttelt. Pardon, eine letzte zusammenfassende Blökerei. Schnappen Sie sich jemand, den Sie mögen (soll es interessant werden, auch jemanden, den Sie nicht mögen), unternehmen Sie zusammen einen ausgedehnten Spaziergang, in der Mitte öffnen sie auf einer sonnendurchfluteten Lichtung einen Picknickkorb und betrinken Sie sich mit einer guten Flasche Moooondschaaaafworte und danach legen Sie sich auf den Rücken und versuchen eine kleine Wolkenlücke zu erhaschen, die auch am Tage den Blick auf den Mond mit seinem Moooondschaaaaf freigibt. Viel Spaß!

Ihr septiert-schaumbiert-temperiertes Luno-Kondoo, Pardon Ihr Moooondschaaaaf.

M
o
o
o
o
n
d
s
c
h
a
a
a
a
f

Ge
dich
te

Schattenh(H)aft

Das kleine Moooondschaaaaf
Sprach
Mit seinem Schatten:
Hatten
Wir nicht ausgemacht,
Dass
Jeder seinen eigenen Weg
Geht?
Der Schatten nickte zwar,
Doch war
Er nicht in der Lage,
Eine klare
Antwort zu geben.
Und wenn sie nicht gestorben sind, kleben
Sie noch heute an ihren (hinteren) Wangen
Zusammen.

<<<>>>

Jeder Augenblick
Ist ein kostbares Stück
Zeit
Aus der Ewigkeit

<<<<<>>>>>

2.September

Spiegelgesellschaft

Wer war
Nicht schon mal
Ein Moooondschaaaaf,
Wenn er in den Spiegel sah?

) (

) ( ) (

Pflanzen
Tanzen
Im Wind
Unbeschwert wie ein Kind.

) ( ) (

) (

Kein Raum für Krieg

Das Moooondschaaaaf erhielt einen Brief,
Man sieht
Sich auf Erden außerstande,
Im eigenen Planetenlande
Weiterhin alle Kriege auszuführen.
Das Siegen und Verlieren
Müsse man eben
Aus Platzgründen verlegen.
Man(n) sei auf der Erde auch bereit,
Für erlittenes Leid
Entsprechend zu zahlen.
Mond und Schaf haben
Einen Rat einberufen,
Um eine Lösung zu suchen.
Doch fand man heraus,
Im Mondhaus
Sind keine Bakterien vorhanden.
Auch sei auf den Mondlanden
Kein Feuer möglich,
Um sich
Auf diesen beiden Wegen
Eben
Die toten
Kriegsidioten

Vom Leib zu schaffen.
Mit unverbrauchten Waffen
Und Kriegsplanung
Habe man hier ebenso keine Erfahrung.
Man müsse deshalb
Das goldene Kriegskalb
Auf der Erde stehen lassen.
Mond, Schaf und Krieg passen
Ein- und unendlichfach
Zum bleibenden Erdungemach
Nicht zusammen.
Doch könnte die Erde vielleicht anfangen,
Sich etwas selbst zu schenken
Und darüber nachdenken,
Wie Krieg
Und Sieg,
Niederlage
Und Schuldfrage
Abzuerfinden seien.
Auf dem kriegsfreien
Mond sei man bereit,
Dafür Zeit
Zu investieren.
Verlieren
Würde zwar eine gewisse(n)()lose Industrie,
Jedoch würde man sie
Gerne einladen,

Den von ihr verursachten Schaden
Mal von oben zu betrachten,
Um sich mit anderem zu befassen.

!+!+!+!+!+!

Eine gefüllte Hand
Ist ein (Faust-)Pfand,
Dass sie sich
Nicht
Bald
Zur Faust ballt.

!+!+!+!+!+!

4. September

Suchblick

Das Moooondschaaaaf
Warf
Tausend Blicke in die Ferne.
Gerne
Wollte es alle wieder zurück.
Doch ein Blick
Blieb verschwunden.
Viele Stunden
Suchte es danach.
Schließlich warf
Es sich vor ein Spiegelglas,
Pflückte daraus einen Blick,
Bis das Moooondschaaaafauge wieder zum vollen
Glück
Alle tausend Blicke besaß.
Jedoch zerbrach
Der gepflückte Blick.
Welch Unglück,
Das Moooondschaaaaf hatte jetzt einen Blick zu
viel.
Wer will
Diesen Blick kaufen?
Ließ es im Universum verlauten.

Doch bis heute ist nicht bekannt,
Ob sich ein Moooondschaaaafblickkäufer fand.

Wer schreibt,
Der bleibt
Ein Schreibtischtäter,
Der als Fahrradtreter
Nach unten tritt
Und sich nach oben bückt.

ooooooooooooooooooooooooooooooooooooooo

5. September

Verbeamtete Formulare

Das Moooondschaaaaf wollte Beamter werden.
Ein starker Herden-
Trieb verursachte den Entschluss.
Zum Verdruss
Der Bürger gab es einen Beamten mehr.
Wer
Davon ausgegangen war,
Dass die (zahl)lose Beamtenschar
Langsam wie der Nordpol schmelzte,
Stelzte
Bald durch meterhohe Formularberge.
Denn jedes Beamten Werke
Besteht aus geistreichem Erfindertum,
Um
Aus schuldlosen alten Bäumen
Formulare über schuldhaftes Versäumen
Herzustellen,
Bis die Bürokratie-Manie-Wellen
An einem fernen Tag
Den Beamtenstaat
Von diesen Erden
Wegspülen werden.

*
*   *
*

Auf manch teurem Designertisch
Steht ein billiges Fertiggericht.

*
*   *
*
*

6. September

Eine Winzigkeit Nicht-Nichts

Das Moooondschaaaaf
Besaß
Nichts.
Das Licht
Der Nacht gehörte den Sternen.
Doch die fernen
Unendlichkeiten,
Die unzähligen Ewigkeiten,
Wem gehörte all das?
So saß
Das Moooondschaaaaf
Noch lange
Auf einer Sternenstange
Und träumte, dass ihm ein Krümelchen Nichts
Sowie ein Fünklein Licht
Gehörte.
„Werte
Unendlichkeit,
Gib mir von deiner ewigen Zeit
Nur ein winziges Stück
Von einem flüchtigen Augenblick."
Schrieb es in die Luft.

Doch ob es vergeblich ruft,
Blieb bis
Heute sein Geheimnis.

....

Kein Mensch
Kennt
Alle seine Gesichter.
Selbst ein psychiatisierter Dichter
Ist manchmal erstaunt,
Wer ihn im Spiegel anschaut.

:::::::::::::::::::::::::::::::::::

7. September

Asyliertes

Das Moooondschaaaaf
War
Mit sich übereingekommen,
Ein Sonnen-
Schaf zu werden.
Es stellte auf Erden
Einen Asylantrag
Und gab
Als Grund an,

Dass es auf dem Mond nicht länger leben kann,
Weil dort niemand nicht nachts
Das Licht ausmacht
Und es deshalb die ganze Zeit
Unter Schlaflosigkeit
Leidet.
Der Antrag wurde abgelehnt, man entscheide
Ungern in dieser Form,
Doch es sei nun mal die Norm,
Dass auf dem Mond nachts
Das
Licht scheint.
Wer meint,
Dass seine Kleinigkeiten
Anderen schlaflose Nächte bereiten,

Sollte Vernunft annehmen.
In diesem Erdenleben
Ist es zumutbar,
Jahr für Jahr
Unter Not und Krieg zu leiden,
Anstatt von seinem
Besser gestellten Nächsten
Ein wenig von seinen Rechten
Zu erbitten.

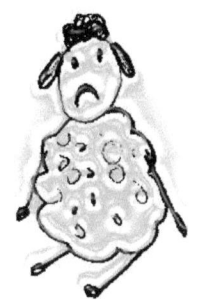

-.-.-.-.-.-.-.-.-.-.

Manche Zeile
Ist geschriebene Langeweile.

_._._._._._._._._._._._._._

8. September

Himmelskonto

Das
Moooondschaaaaf
Gestand,
Im früheren Leben Vorstand
Einer Bank
Gewesen zu sein.
Zum Schein
Habe es sich als Künstler verkleidet
Und vermeidet
Seitdem, die Vergangenheit anzusprechen.
Stattdessen
Befleißige es sich am Mäzenatentum,
Um
Von den angehäuften Millionenbergen
Ein paar loszuwerden,
Bevor es am Lebensschluss
Wieder die Erde verlassen muss.
Nach früherem Hörensagen
Gelten Soll und Haben
Auf dem Himmelskonto eben
Nach anderen Maßstäben.

I
I   I
II

Der Stift
Schreibt das Gift,
Das der Kopf nur denkt
Und nicht zur Zunge lenkt.

II
I   I
I   I
II

9. September
Letzte Schafträne

Der Mond perlübersäet,
In jedem Winkel stehet
Ein kleines Moooondenschaaaaf.
Mit seiner Kraterzunge
Zerbeißt es die Mondstunde,
Verwandelt so die Nacht zum Tag.

Wenn ihre Augen weinen,
Werden Sternfunken gleiten
Auf die schlummernde Erd´.
Sie werd´n die Augen küssen
Mit blumgesäumten Wiesen,
Damit im Schlaf es Frieden werd´.

Warum könn´n die Moooondschaaaafe
Mit ihrer Sternensprache
Nicht alle Köpfe füll´n?
Bald wird ein Tag erscheinen,
Die Sonne selbst wird weinen,
Wer wird uns dann die Sorgen still´n?

```
        )
    (   (
        )
)   (     ( )
```

Ein Virtuose
Hat immer
Lose
Finger.

```
    (  )
     (
(  (   )  (
     )
```

10. September
Gen(ete) Füße

Das
Moooondschaaaaf
Musste sich Schuhe kaufen.
Die Natur hatte es beim Laufen
Nicht sehr verwöhnt,
Die Füße mit Nichts verschönt
Und stattdessen ihm eben
Zu breite, große und zu hohe Füße gegeben.
Die
Schuhindustrie
War anders ausgerichtet.
Jeder sichtet
Nur feine
Hübsche schmale kleine
Schuhe.
In solcher Fußtruhe
Können klobige Füße
Selbst mit größter Aschenputtelmühe
Nicht hineinpassen.
Das Moooondschaaaaf konnte es nicht fassen,
Dass es auf einmal
Das einzige war,
Das auf großen Füßen lebte.

Die ganze andere Welt schwebte
Stattdessen auf zarten Gebilden,
Die sich in schmale italienische Fußhüllen
Stecken ließen.
Das Moooondschaaaaf sollte es sich nicht
verdrießen
Lassen,
Man empfahl, einen Gentest zu machen,
Ergebnisorientiert mit den Fußgenen
Abändernd so zu verfahren, dass sie den
vornehmen
Schuhprodukten
Nutzen.
Bald läuft auf dieser Erde
Eine 100prozentig mutierte
Moooondschaaaaafherde.

,,,,,,,,,,,,,,,,,,

Sterne
Kennen nur die Ferne.
Ist ein Stern nah,
Dann ist er echt (,) nicht wahr.

11. September

Pfarrende Fahrer

Das Moooondschaaaaf wollte Pfarrer
Werden.
Doch weil auf Erden
Nur noch Fahrer
Für Autos gebraucht werden,
Ließ es sich bekehren
Und zelebrierte stattdessen
Rauschende Messen
Im Straßenverkehr.
Wer
Meint,
Seitdem scheint
Frieden auf den Straßen, sollte nicht vergessen,
Dass sich Blechgötzen
Weder von einem Pfarrer
Noch einem Fahrer
Auf ihren schwarzen Straßen
Etwas sagen lassen.

*
*   *
*

Alle Fragen
Haben
Eine Antwort.
Doch den Ort,
Wo sie versteckt sind,
Findet manchmal nur ein Kind.

*
*   *
*
*

12. September

Sprachstumm

Wenn Moooondschaaaafe
Sich eine Sprache
Wählen dürften,
Schlürften
Sie nur noch stumm
Auf der Erde rum.

In der Kunst des Schweigens
Zeigen
Sich die wahren
Geisttitanen.
Deshalb haben
Wir heute so viele buchige Waren.

Was wir an Gutem beginnen,
Sollten wir auch zu Ende bringen.

13. September

Nachtgemälde

Leis versinkt
Der Tag,
Der Moooond bringt
Sein Schaaaaf,
Ihm die Träume der Welt
Zu zeigen.
Stern an Stern hält
Sich an der Hand, den Reigen
Der Nacht
Zu tanzen.
Die Pracht
Der Sterne gleichen Pflanzen,
Die golden
Aufblüh´n.
Bald folgen
Die Sonnenstrahlen und zieh´n
Das nächtliche Bild
In die Erde.
Die Nacht zerquillt,
Dass es von Neuem es Tag werde.

+*+*+*+*+*+

Hinter der Hauswand
Verschwand
Schon manche nette
Etikette.

+*+*+*+*+*+

14. September

Marionetten – Sichtbares verstecken

Das Moooondschaaaaf ging,
Als hing
Es an vielen Fäden,
Die jeden
Schritt kontrollierten.
So führten
Die Fäden das
Moooondschaaaaf,
Doch wessen Hände
Führ´n das Fadenende?

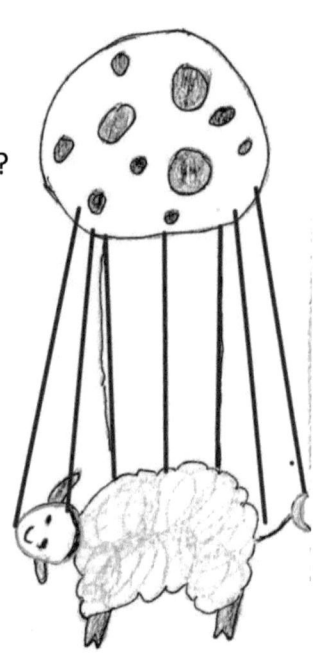

$*$ $*

Die Konjunktur
Ist der Feind der Natur.

$*$ $**$*$*$*

15. September

Genarrtes Alter

Das
Moooondschaaaaf
Beschloss, wenn es alt sein werde
Zur Herde
Der Zweibeiner überzutreten.
Im späten
Lebensalter kam es nicht mehr darauf an,
Sich dann
Noch immer von der Lebensweisheit leiten zu
lassen.
Bis dahin konnte es sich über die Maßen
Austoben
Und reumütig loben,
Von Reife getragen,
Sich in späten Jahren
Besser zu verhalten.
Das Ausschalten
Der Macken in der Zukunft
Hat schon viele zu spät zur Vernunft
Gebracht.
Was so simpel gedacht,
War in der Realität unmöglich.
Die Unarten wuchsen von selbst unerträglich

In jede
Nie gedachte Höhe.
Plötzlich stellte das Moooondschaaaaf fest,
Dass der anständige klägliche Rest
Im Kopfkäfig gefangen war.
Du Moooondschaaaafnaaaar,
Wenn Du an die Zukunft glaubst,
Raubst
Du Dir zu guter Letzt
Selbst den kümmerlichen Rest
An
Verbliebenem Verstand.

.=.=.=.=.=.=.=.=.

Viele Köche verderben den Brei.
Wie es wohl sei,
Wenn Köche zum Braten
Geraten.

.=.=.=.=.=.=.=.=.

Mut zur Lücke oder das geliebte Nichts

Das
Moooondschaaaaf
Liebte Musik.
Sein Lieblingslied
Bestand aus einer einzigen Pause.
Zuhause
Spielte es dieses Stück
Jeden Augenblick.
Niemand sollte annehmen,
In ihm einen Kunstbanausen zu sehen.

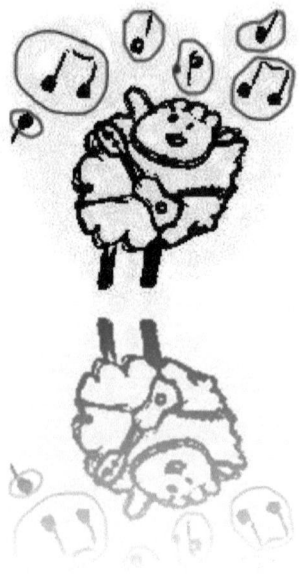

O+0+O

Jeder ist besser
Ohne Messer
Unterwegs,
Falls sich die Wut regt.

O O O O O

17. September
Raumschlucht

Wenn die Moooondschaaaafe schlafen,
Schaffen
Die Träume
Silberne Schäume,
Die uns durch die Nacht bringen.
Ihre Schwingen
Rauschen in unseren Gedanken,
Gleich den samtenen
Strahlen vom Venusstern.
Jeder Lärm
Schweigt.
Glück reiht
Sich an Glück,
Bis sich im nächsten Augenblick
Die liebgewonnene Nacht
Heimlich von dannen macht.

-=-=-=-=-=-=-=-

Es kann nicht schaden,
Keine giftige Zunge zu haben,
Wenn man sich am Schluss
Die eignen Wunden lecken muss.

-=-=-=-=-=-=-=-=-=-

18. September

Farbloser Seelenbrei

Wenn sich Moooondschaaaafherden
Mondscheinfarben färben,
Werden
Nach diesen Tagen
Viele das Problem haben,
In ihrem weiteren Leben
Unterschiedliche Moooondschaaaafe zu sehen.
Wenn sich nichts mehr unterscheidet,
Leidet
Nicht nur die
Fantasie.
Selbst im Schnee gibt es überall
Kein identisches Schneeflockenkristall.
Nur höhere Wesen
Streben
Nach einem solchen uniformen Leben.

o o

o o

o o

Mut
Tut
Gut,
Doch wer würde es wagen,
Sich selbst zu verklagen?

19. September

Naher Horizont

Einst zog
Das Moooondschaaaaf auf einem Boot
Bis hinter den Horizont
Fort
Und dachte: Hier wohnt,
Was ich noch nie gesehen
Habe: Ein Leben,
Das ich nicht kenne.
Darum trenne
Ich
Mich
Von der bekannten Welt.
Hinter dem Horizont fällt
Es vor einen Spiegel,
Der wie ein riesiger Hügel
Das Neue verdeckt.
Das Neue steckt
Vielleicht in uns,
Wenn einer die Gunst
Des Augenblicks versteht
Und im Stillen in sich geht.

Die Vergangenheit
Ist ein Kleid,
Das mal mit einer Drahtbürste
Gesäubert werden müsste.

20. September

Lese(s)teuer

Das Moooondschaaaaf
Las,
Dass
Das Lesen mit Steuern belegt ist.
Seitdem weiß es ganz gewiss,
Durch welches Steuerding
Sein Staat Pleite ging.

,.,.,.,.,.,.,.,.,

,.,.,.,.,.,.

Viele wagen,
Einen Kragen
Zu tragen,
Den sie selbst geweißt haben.

,.,.,.,.,.,.

,.,.,.,.,.,.,.,.,.

21. September
Spiegelbild eines Lochs

Das
War's,
Sprach
Das Moooondschaaaaf,
Als es sein Inneres im Spiegel sah.
Es verwarf
Sich selbst
Und gefällt
Sich nur noch
Als buntes Loch
In der gespiegelten Stille
Seiner äußeren Hülle.

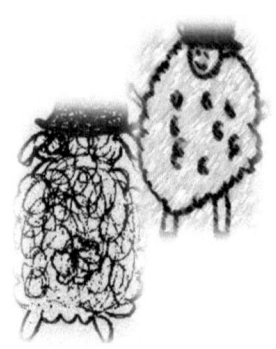

IOIOIOIOIOI

Der Lebensmut
Ein knappes Gut,
Das immer weniger wird
Und sich am Ende verliert.

IOIOIOIOIOIOIOI

22. September

Gesprochene Vorspeise

Das Moooondschaaaaf
Gab
Einen Vortrag,
Weil es dem Hören der eigenen Stimme
Viel abgewinnen
Konnte.
Es sonnte
Sich in den gaffenden Augen,
Doch sollte es nicht glauben,
Dass ihm wirklich jemand zuhörte.
Vielmehr leerte
Jeder seinen hungrigen Blick an der Wand,
Die hinter dem Moooondschaaaaf stand,
Und wo sich das Buffet befand.

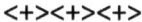

Ich bin
Nie ein Feigling.
Viel schlimmer,
Ich bin es immer.

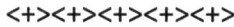

23. September

Magnetische Versprechen

Das Moooondschaaaaf sollte weniger Steuern
zahlen,
Weil in zwei Monaten Neuwahlen
Vor der Tür standen.
Nur versehentlich fanden
Die Politiker im Wahlkampfrummel
Keine Lösung für den Steuerdschungel.
Nach den Wahlen fanden Politiker heraus,
Dass sie aus
Dem weniger ein Mehr machen mussten.
Die verdutzten
Moooondschaaaafe sollten bedenken,
Dass durch das Wahlkampfschenken
Keine Zeit übrig blieb,
Sich eine Übersicht
Über die leeren Haushaltskassen
Zu machen.

~)~(~)~(~)~(~

Beim Weinen
Verkleiden
Sich die Augen
Vor dem Beschauen.

~ ~ ~ ~ ~ ~ ~ ~ ~

24. September
Erst trinken dann (ver-)sinken

Nach ein'm
Glas Wein-
Trinken
Sinken
Dem Moooondschaaaaf die Beine ein.
Sein
Schwereloser Zustand
Segelt über das trockene Mondland
Und landet zu guter Letzt
Im Mondstraßenbett.

*Der Pianoflügel
Ist ein Segel,
Um in himmlische Sphären
Zu entschweben.*

25. September

Feuertanz

Das Moooondschaaaaf
Tanzt
Auch ohne
Schuhe auf der Sonne.
Danach hatte
Es eine schwarze Schuhsohlenplatte.
Jeder, der es von unten betrachtete
Dachte,
Ein schwarzes Schaf zu sehen.
Doch wer im Leben
Betrachtet seinen Gegenüber
Lieber
Aus den schiefen
Unteren Fußperspektiven?

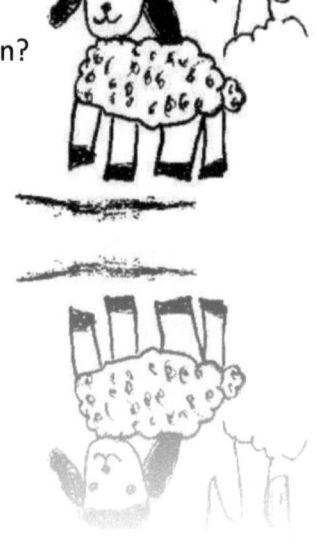

(o)(o)_(o)(o)_(o)(o)

Der Feind vom Glauben
Ist das Schauen.

(o)(o)_(o)(o)_(o)(o)

26. September

Beschwerdestar

Das Moooondschaaaaf wollte Fernsehstar
werden.
Zu diesem Zweck schickte es sinnlose
Beschwerden
Zu Hinz und Kunz.
Ums
Mit anderen Worten zu sagen:
Es wollte mit Guinessbuchrekordklagen
In jeder Talkshow sprechen.
Dies gelang nur kurz, doch stattdessen
Wurde man anderorts auf es aufmerksam.
Es bekam
Einen Behördenbeamtenvertrag,
Damit es jeden Tag
Mit sinnlosen Formularen
Und weithergeholten Klagen
Des armen Bürger
Formularewürger
Wird,
Da es ohnehin den Hang zum Quälen verspürt.

?*!*?*!*?*!*?

Ist mit der Kirche
Gut Kirschen essen?

?*!*?*!*?*!*?

27. September

Vertragsgrab

Das Moooondschaaaaf
Nahm sich selbst unter Vertrag.
Es habe
Ohne Selbst(an)klage
Jeden Tag zehn Meilen zu joggen,
Die Zeit zu stoppen
Und Rechenschaft abzulegen,
Weswegen
Es nicht schneller war.
Noch schneller wurde das Kleingedruckte klar
Und der Vertrag
Landete im Papierkorbgrab.

° ∧ ° ∧ ° ∧ ° ∧ °

Fernsehen:
Die Welt sehen,
Ohne zu gehen.

° ∧ ° ∧ ° ∧ ° ∧ °

28. September
Äußerer Innenspiegel

Ein Moooondschaaaaf
Verklagt
Sich selbst
Und fällt
Als Urteil, sich
Lebenslänglich
Im Spiegel anschauen zu müssen.
Wie zu wissen
War, zog das Moooondschaaaaf in ein Land,
Wo es keine Spiegel fand.
Jedoch blickte es jeden misstrauisch an,
Weil jedermann
Wie ein wandelnder Spiegel ist.
Wer sein eigenes Bild vergisst,
Der meint,
Sein Blick scheint
Bis auf den Grund
Des Anderen. So wohnt
Jedem und allem ein Spiegel inne,
Auf dass niemand dem eigenen Urteil entrinne.

=0=0=O=0=0=

Eine gute Zukunft
Ist die Kunst,
Aus dem Leid
Der Vergangenheit
Zu lernen
Und die Gegenwart nicht zu fernen.

=0=0=O=0=0=

29. September
Verneigte Klage

Wenn Moooondschaaaafe
Eine Klage
Schreiben,
Neigen
Sie ihr Haupt.
Denn man glaubt
Dadurch,
Mit solcherlei Ehrfurcht
Von innen
Den Richterkopf umzustimmen.

o*o*o*o*o*o*o*o*o*o

Durch das Internet
Ist manches weg,
Obwohl es niemand vermisst
Und es noch da ist.

o*o*o*o*o*o*o*o*o*o

30. September
Verstandesschutzweste

Das Moooondschaaaaf
Las
Nie Zeitung
Und
Bewahrte sich aus erster Hand
Den eigenen Verstand.

<<<<O>>>>

Viele begrüßen,
Sich das Leben zu versüßen.
Doch merkt ein Schlauer,
Pur bleibt es genauso sauer.

Inhaltsverzeichnis

Biografie

Ich wurde auf der Erde und nicht auf dem Mond geboren. Damit hatte ich keine Chance bzw. lief nicht Gefahr, als Moooondschaaaaf auf die Welt (bzw. auf den Mond) zu kommen. Bis vor kurzem hatte ich nicht realisiert, dass es einen Mondkalender gibt. Der Versuchung, meinen Geborenentag im Mondkalender aufzusuchen, konnte ich nicht widerstehen.

Es war am fünften Tag nach Vollmond. Mein Leben lang war der Mond mein treuer Begleiter, selbst wenn ich ihm nur in wenigen kurzen Momenten, wie Mond- und Sonnenfinsternis oder während der ersten Mond-landung, mehr Beachtung geschenkt habe.

Ich habe vier Kinder (als Moooondschaaaaf hätte ich vier Mondlämmer). Da ich am 5. Tag nach Vollmond geboren wurde, hat der Mond offensichtlich pietätsvoll keinen Einfluss auf die Anzahl der Kinder genommen. Der Mondkalender hat mir nebenbei verraten, dass ich an einem Montag (genau genommen Mondtag) geboren wurde. Wahrscheinlich zählt deshalb, wie bei vielen anderen, der Mond(t)ag nicht gerade zu meinen Lieblingswochentagen. Mehr als 2080 mal habe ich mich nach der Oase des Wochenendes in den gelittenen Berufsalltag gestürzt. In welchen, werden Sie sich viel-leicht fragen. In den Beruf des Mondarztes. Möchten Sie Gründe für die Berufswahl wissen, dann konsultieren Sie am besten den Mond. Aber vielleicht weiß (auch) er es nicht. Ich wurde fünf Tage nach Vollmond, also in der Phase abnehmenden Mondes, geboren. Möglicherweise besteht dadurch ein

Zusammenhang zwischen Mond und Berufswahl, denn die Anzahl der Ärzte befindet sich in der abnehmenden Phase. Wozu auch ich seit einigen Monden beitrage, wie andere befinde ich mich in der Mondrentenphase. Leider hat der Mond nicht auf alles einen Einfluss. In Zeiten einer Diät konnte ich nicht feststellen, dass sich meine Geburt in einer abnehmen-den Mondphase unterstützend bei der Gewichts-abnahme ausgewirkt hat.

Mehr als 2250 Mondwochen bin ich verheiratet. Meine Moooondschaaaafin hat am Zustandekommen dieses Buches wesentlichen Anteil. Aus unseren vier Mond-lämmern sind sechzehn Mond-Enkellämmchen geworden. Die ältesten mutieren (pubertieren) gerade zu Mondschaflämmern.

Wo wir wohnen? Hinter dem Mond. Jedenfalls ist mir dies mehrfach im Leben von anderen bestätigt worden. Fragen Sie bitte nicht, wie ich dahin gekommen bin. Jedenfalls nicht wie ein Superastronaut mit einer Rakete. Ich denke, der Mond hat sich einfach vorgedrängelt, sich vor mich gestellt, so dass ich automatisch hinter den Mond gerutscht bin bzw. dort lebe. Wenn ich mich umschaue, bin ich bei Weitem nicht der Einzige. Übrigens, trotz des Gedränges sind die Immobilienpreise hier hinter dem Mond noch erstaunlich niedrig.

Ob der Mond einen Einfluss hat, außer auf besagter Weise, wenn man hinter dem Mond lebt? Das kann ich nicht sagen. Es könnte sein. Denn wenn Etwas hinter Etwas ist, dann kann dieses erste Etwas schließlich vorkommen. Vorkommen im Sinn von Vorhandensein aber eher nicht, denn Etwas, das hinter ist, kann gleichzeitig nicht vor sein. Aber lassen wir das, der Mond kann einen ganz schön durcheinanderbringen. Und wer schreibt schon gern in eine Biografie, dass er durcheinander ist?

Neben Romanen hat der Autor noch weitere Gedichtbände veröffentlicht:

Tortellintauben - TierGdichte für Rwachsene

61 Tiergedichte als Spiegelbild menschlichen Verhaltens, wunderschön von Kinderhand illustriert.

Der erdenkliche Mensch - Das Du im Ich

55 Gedichte, dazwischen Aphorismen, die sich nachdenklich und kritisch mit liebgewonnenen menschlichen Verhalten auseinandersetzen.

Das Mondschaf
(monatlich durch das Jahr)

Für jeden Tag eines Monats ein Gedicht aus Sicht eines auf dem Mond lebenden Schafs, das humorvoll, kritisch, skeptisch und wiedererkennend unsere Erde beäugt; zwischen jedem Gedicht ein Aphorismus und mit passenden lustigen Bildern aus Kinderhand - auch als Geburtstagsgeschenk für den passenden Geburtstagsmonat geeignet.

101 Weihnachtsgedichtsbäume –
gegen das Poesie-Waldsterben

Über 100 besinnliche, lustige, stimmungsvolle aber auch nachdenkliche Gedichte über die Weihnachtszeit.

In 93 Tagen um den Frühling

93 Gedichte, dazwischen Aphorismen, zu jedem Tag der schönsten Jahreszeit ein Gedicht.

In 90 Tagen um den Herbst

90 herbstliche Gedichte mit unterschiedlicher Stimmung, ein Gedicht für jeden Herbsttag.

Ostern- Gedichte zur Osterzeit

43 Gedichte mit christlichen Inhalten von Gründonnerstag bis zur Auferstehung Jesu, zwischen den Gedichten gedankenvolle Aphorismen.

Goethe – neu abgefüllt

Nach der Versform zweier der bekanntesten Goethegedichte (Wandrers Nachtlied) zu unterschiedlichsten Themen für jede Woche des Jahres ein Gedicht.

2 Bände: Goethig I und Goethig II

Hinter dunklen Himmelswolken – Gedichte in Zeiten der Trauer

Dieses Buch enthält ca. siebzig Gedichte über Tod und Sterben, in der Natur und im Leben des Menschen. Sie stellen Fragen zum Warum, äußern Gedanken, wie es weitergehen könnte, versuchen, Stimmungen und Gedanken in solchen Lebensabschnitten wiederzugeben.